スープジャーでつくる 100円ランチ

松尾みゆき

青春新書 PLAYBOOKS

はじめに

◆スープジャーってどこがすごいの？

「スープジャー」とは、容器本体に真空断熱層を作ることで、温かい料理は温かいまま、冷たい料理は冷たいまま持ち運べるフードコンテナーのこと。"料理用の魔法びん"に例えるとわかりやすいかもしれません。これまではスープ類などのお弁当箱として使われてきましたが、その高い保温力はじつは調理でも活用できます。食材にじんわり熱を通して料理を仕上げる「保温調理」道具としても秀逸だったのです。

◆作り方は、切って、入れて、おいておくだけ！

保温調理はスープジャーさえあれば超簡単。朝、食材を切って、入れて、お湯を注いでおいておく。すると通勤や通学の間に

スープジャー調理はこんなにカンタン！

切って → 入れて →

勝手に調理してくれるので、お昼にはホカホカのできたて料理が食べられるというわけ。これなら、調理する時間がなくても、お料理が苦手でも、できる気がしてきませんか？

◆レシピはすべて100円！　アレンジ例も充実！
　本書ではスープジャーを使って作るホカホカ＆ひえひえのおいしいレシピ70品を紹介しています。しかも、どのレシピも1品100円以内でできるものばかり。また、なるべく家にある食材を活用できるようにアレンジ例を盛り込んだので、うまく組み合わせれば70品のレシピが2倍、3倍に使えるようになっています。
　健康のため、節約のため、スープジャーをあなたのお弁当作りに役立ててください。

しばらくおいて…　　できあがり！

スープジャーレシピをおいしく作る **4つのルール**

 食材はいつもより薄く、小さく切る

 生ものはいったんレンジ加熱で火を通す

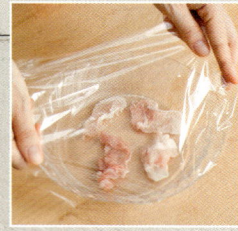

スープジャー調理では、火を使うことなく、スープジャー自体の保温力で食材を加熱していきます。熱が通りやすいように、食材はいつもより薄く、小さく切りましょう。生煮えも防止できます。

保温効果だけでは生ものを十分加熱できません。生肉や生魚を使う場合は、あらかじめレンジで加熱調理したものを入れるようにしましょう。しっかり火が通っているか確認することも重要です。

内ふた　外ふた

ふたの構造はメーカーによって多少異なりますが、共通点は断熱密封構造であること。写真のサーモスJBJ-300シリーズの場合、密封する内ふたと、断熱する外ふたの二重構造になっています。

本書のレシピはサーモス製300mlサイズのスープジャー(JBJ-300)を基本にして作られています(一部は380ml)。サイズが違うものをご使用の場合は、材料や調味料の量を容量に合わせて調整して下さい。

3 "予熱"のひと手間でおいしさに差がつく

保温効果を利用して食材にじんわり熱を加えていくため、調理の途中でいかに温度を下げないかがポイントになります。スープジャーや食材を事前に温め、"予熱"を加える。そのひと手間で、おいしさに差がつきます。

4 食材を詰め込みすぎない

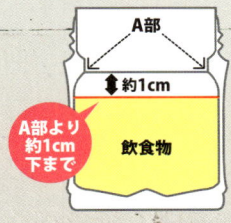

A部
約1cm
A部より約1cm下まで
飲食物

食材を入れ過ぎるとそれだけ熱伝導効果が弱まり、保温不足の原因に。本書のレシピでは、効率的に保温できる食材の最適量を内側のくぼみ(A部)の1㎝下に設定。レシピの分量もそれ以内でおさまるように工夫しました。

> 本書レシピ中の「ライン」とは上図の赤いラインを指します。

『スープジャーでつくる100円ランチ』

Contents

はじめに……………………………………… 002
スープジャーレシピをおいしく作る
4つのルール………………………………… 004

Part 1 ランチタイムがもっともっと楽しくなる!
野菜たっぷりスープランチ………… 010

めかぶのとろとろスープ…………………………… 012
キャベツとわかめの青のり汁…………………… 014
もずく酢スープ……………………………………… 015
かぼちゃのみそ汁………………………………… 016
長いもとみつばのすまし汁……………………… 018
お麩としめじのごまみそ汁……………………… 019
3種野菜のコンソメスープ………………………… 020
とろろ昆布と水菜の昆布汁……………………… 022
コーンとエリンギのペッパースープ…………… 023
セロリとブロッコリーのトマトスープ………… 024
ごま風味のわかめスープ………………………… 025
もやしとまいたけのエスニックスープ………… 026
切干大根といんげんのピリ辛みそスープ…… 028
高野豆腐と野菜の中華スープ…………………… 029

Part 2 たんぱく質も入って、食べごたえも十分!
おかずスープランチ………………… 030

石狩鍋風スープ…………………………………… 032
豆腐となめこの和風汁…………………………… 034
けんちん汁………………………………………… 035
焼き豆腐の甘辛スープ…………………………… 036

ミネストローネ	037
豚汁	038
さつまあげと大根のおでん風	040
ごろごろ野菜のポトフ	041
ミニトマトとチーズのスープ	042
チキンのカレースープ	044
チリコンカン風スープ	046
ワンタンスープ	048
豆腐とキムチのチゲスープ	050

**Column　うま味の素になる乾物は
　　　　　ミニサイズも充実** ………… 052

Part 3　生米から作ったおかゆのおいしさは格別！
ホカホカごはんランチ ………… 054

梅おかかがゆ	056
根菜のしょうががゆ	058
かぼちゃの昆布茶がゆ	060
ひじきとしめじの玄米がゆ	061
じゃがいもと玄米のカレーがゆ	062
枝豆の押し麦がゆ	064
ベーコンとセロリの洋風がゆ	066
ミニトマトと押し麦のトマトがゆ	067
豚しゃぶのクッパ風	068
ウインナーとコーンのチーズがゆ	070
アスパラとツナの押し麦ペッパーがゆ	071
ザーサイとわかめの中華玄米がゆ	072
いろいろ豆の玄米がゆ	073

『スープジャーでつくる100円ランチ』
Contents

きくらげとかにかまの中華がゆ……………… 074
たっぷりみつばと梅じゃこのだし漬け………… 076
鮭と絹さやのそぼろごはん…………………… 078
しゅうまいとゆで野菜の丼…………………… 080
たっぷりねぎと海苔のお茶漬け……………… 082

Part 4 ゆでたてのおいしさを、いつでも、どこでも!
パスタ・麺ランチ……………… 084

トマトとツナのペンネ…………………………… 087
きのこの和風パスタ…………………………… 088
鮭とアスパラのペンネ………………………… 090
ナポリタン風…………………………………… 092

Column ショートパスタでカンタン時短調理 093

ソース蒸しそば………………………………… 094
オイスター蒸しそば…………………………… 096
ザーサイとエリンギの塩蒸しそば……………… 098
チャプチェ風…………………………………… 100
油揚げととろろ昆布のうどん………………… 102
みそ煮込み風うどん…………………………… 104
きのこのあっさり春雨スープ………………… 106
大根と油揚げのポン酢春雨スープ…………… 107
梅昆布の春雨スープ………………………… 108
ベーコンとにんじんの洋風春雨……………… 110
イタリアン春雨スープ………………………… 112
タイ風春雨……………………………………… 114
サンラータン…………………………………… 115

ハムときくらげのごま風味の春雨スープ……116
さっぱり中華春雨スープ………………………117
担々麺風春雨スープ……………………………118
韓国風春雨スープ………………………………120

Part 5 暑い日には、こんなひえひえのおいしさを!
冷たい麺ランチ……………………………122

サラダ和風うどん………………………………124
ごまだれ冷やしうどん…………………………126
ハムとミニトマトの冷製ペンネ………………128
しらすと水菜の和風冷製パスタ………………130

こんなときどうすれば?
スープジャーQ&A……………………………132

この本の決まりごと

★ 本書のレシピはサーモス製300mlサイズのスープジャー(サーモス JBJ-300)を基本にしています(一部除く)。サイズが違うものをご使用の場合は、材料や調味料の量を容量に合わせて調整してください。

★ 各レシピの「Time」マークは、スープジャーで保温調理した料理の食べごろ時間を表しています。「0時間」は調理してすぐ食べられるものです。どのレシピも食べごろ時間をすぎてもおいしくいただけますが、保温効果が保たれる6時間以内に食べ切るようにしましょう。

★ 保温効果はメーカーによって多少異なるので、様子をみながら調理してください。

★ 材料やカロリーは、1人分です。

★ 材料で表記している大さじ1は15ml、小さじ1は5ml、1カップは200mlです。

★ 電子レンジの加熱時間は、600Wのものを基準にしています。500Wの場合は1.2倍を、700Wの場合は0.8倍を目安に加熱してください。機種によっても多少異なるので、様子をみながら加熱してください。

協力/サーモス株式会社　撮影/田附愛美　スタイリング/亀山光寿
カバー・本文デザイン/黒田志麻　DTP/センターメディア

Part 1 野菜たっぷりスープランチ

ランチタイムがもっともっと楽しくなる！

Vegetable soup lunch

まずは、簡単でヘルシーな野菜たっぷりスープをご紹介。
いつものランチに温かいスープがひとつ加わるだけで、
ほっこり幸せな気分になれそうです！

外出前に食材を入れたら、あとはしばしのお楽しみ。ランチタイムが待ち遠しい！

基本の作り方

食材を切って、入れる

火を通さないで作るので、食材はいつもよりも小さめ、薄めに切ります。そのほうが見た目もきれいに仕上がります。

お湯を注ぐ

野菜が冷たいままだとジャー内部の温度が下がり、生煮えなどの原因に。お湯を注いだら、中ふた、外ふたをしっかりしめます。

温める

食材とスープジャーがほどよく温まり、保温調理のスタンバイOKな状態。

湯切りする

外ふたを取り、中ふたで食材が流れ出るのを抑えながら、湯切りします。食材は軽く"下ゆで"された状態に。

調味料などを入れる

湯切りしたスープジャーに調味料などを加えます。乾物を使う場合もこのタイミングで入れましょう。

再び熱湯を加える

中ふた、外ふたをしめ、あとは食べごろになるまでおいておくだけ。できあがりが気になるけど、温度が下がるので途中では開けないこと。

Soup 🌶 Hot 💧 Sour ❋ Spicy　　　　　　　　　　　**Energy : 10kcal**

干ししいたけのうま味で、簡単なのに深い味わい
めかぶのとろとろスープ

作り方

1. 耐熱ボウルにめかぶを入れ、ラップをかける。電子レンジで30秒ほど加熱する。
2. スープジャーに沸騰した湯をラインまで入れる。ふたをしめて1分ほどおき、湯を切る。
3. **1**と**A**を入れ、沸騰した湯をラインまで入れる。きっちりとふたをしめ、ゆっくりと左右にふり、食べごろまでおいておく。

材料　めかぶ(味付けなし)…1パック(40g)
　　　　A[干ししいたけ(スライス)…1g
　　　　　だしの素(顆粒)…小さじ1／2
　　　　　薄口しょうゆ…小さじ1／2]

Time
1時間

めかぶのコリコリ感がいい。
おろししょうがをプラスしても◎

Soup 🔥Hot 💧Sour ❈Spicy   Energy : 12kcal

磯の風味がアクセント

キャベツとわかめの青のり汁

青のりの量はお好みに合わせて調整して。わかめを干しひじき（1g）に変えても◎

Time 1時間

作り方

1. キャベツは小さめのひと口サイズに手でちぎる。

2. スープジャーに **1** を入れ、沸騰した湯をラインまで入れる。ふたをしめて2分ほどおき、湯を切る。

3. **A**を加え、沸騰した湯をラインまで入れる。きっちりとふたをしめ、ゆっくりと左右にふり、食べごろまでおいておく。

材料　キャベツ…1／2枚
　　　　A［乾燥わかめ…小さじ1　青のり…小さじ1／2
　　　　　 だしの素（顆粒）…小さじ2／3
　　　　　 薄口しょうゆ…小さじ1／2］

Soup 🔥Hot 💧Sour ❋Spicy

Energy : 32kcal

パックを丸ごと使って入れるだけの手間なしメニュー
もずく酢スープ

お酢の酸味が食欲をそそります。もずくは、必ず温めてから入れて

Time 0.5時間

作り方

1. 耐熱ボウルにもずく酢を汁ごと入れ、ラップをかけ電子レンジで40秒ほど加熱する。

2. スープジャーにかいわれ大根を入れ、沸騰した湯をラインまで入れる。ふたをしめて1分ほどおき、湯を切る。

3. **1**と昆布茶を加え、沸騰した湯をラインまで入れる。きっちりとふたをしめ、ゆっくりと左右にふり、食べごろまでおいておく。

材料 もずく酢…1パック(70g)　かいわれ大根…10g
昆布茶…小さじ1／2

Soup 　Hot　Sour　Spicy　　　　　　　　　　　Energy : 70kcal

ほんのり甘い、やさしい味
かぼちゃのみそ汁

作り方

1. かぼちゃは5mm厚さのいちょう切りにする。
2. スープジャーに **1** を入れ、沸騰した湯をラインまで入れる。ふたをしめて2分ほどおき、湯を切る。
3. **A**を加え、沸騰した湯をラインまで入れる。きっちりとふたをしめ、ゆっくりと左右にふり、食べごろまでおいておく。

材料　かぼちゃ…50g
　　　　A［だしの素（顆粒）…小さじ1／2　みそ…小さじ2］

かぼちゃの甘みとみそが相性抜群。かぼちゃをかぶ1／2個（薄い半月切り）に代えてもOK

Soup

Energy : 45kcal

ホクホク感を楽しむ
長いもとみつばのすまし汁

> 程よいホクホク感はスープジャー調理だからこそ。長いもをまいたけ30g（小房に分けて）にしても

Time 1時間

作り方

1. 長いもは皮をむき、5mm厚さのいちょう切りにする。みつばは3cm長さに切る。

2. スープジャーに **1** を入れ、沸騰した湯をラインまで入れる。ふたをしめて2分ほどおき、湯を切る。

3. **A**を加え、沸騰した湯をラインまで入れる。きっちりとふたをしめ、ゆっくりと左右にふり、食べごろまでおいておく。

材料　長いも…3cm　みつば…3本
　　　A[だしの素（顆粒）…小さじ2／3
　　　　薄口しょうゆ…小さじ1／2]

Soup 🌶 Hot 💧 Sour ✱ Spicy　　　　　　　　　　　Energy : 38kcal

たっぷりの旨みを吸ったきざみ麩が美味!
お麩としめじのごまみそ汁

シンプルながら、食べごたえのある和風スープです。豆板醤を少々プラスしたピリ辛味もおすすめ

Time 1時間

作り方

1　しめじは石突きを取り、小房に分ける。

2　スープジャーに**1**を入れ、沸騰した湯をラインまで入れる。ふたをしめて2分ほどおき、湯を切る。

3　きざみ麩と**A**を加え、沸騰した湯をラインまで入れる。きっちりとふたをしめ、ゆっくりと左右にふり、食べごろまでおいておく。

材料　しめじ…30g　きざみ麩…4個
　　　　A[だしの素(顆粒)…小さじ1／2　みそ…小さじ2
　　　　白すりごま…小さじ1／2]

Soup　Hot　Sour　Spicy　　　　　　　　　　　　**Energy : 21kcal**

彩り野菜たっぷりで、見た目も華やか！
3種野菜の
コンソメスープ

作り方

1. にんじんは千切りにする。玉ねぎは薄切りにする。絹さやはすじをとり、千切りにする。

2. スープジャーに **1** を入れ、沸騰した湯をラインまで入れる。ふたをしめて2分ほどおき、湯を切る。

3. コンソメを加え、沸騰した湯をラインまで入れる。きっちりとふたをしめ、ゆっくりと左右にふり、食べごろまでおいておく。

材料　にんじん…1cm　玉ねぎ…1／10個　絹さや…5枚
コンソメスープの素（顆粒）…大さじ1／2

Time
1時間

野菜の大きさを揃えるときれい。熱湯の一部をトマトジュース1／4カップ（レンジで50秒ほど加熱）に代えて、トマト味でも楽しめます

Soup Hot Sour Spicy

Energy : 16kcal

ちょっとした高級おすましのような味わい
とろろ昆布と水菜の昆布汁

水菜をオクラ2本（へたをとり、斜め薄切り）に代えると、トロトロ感がさらにアップ！

Time 0.5時間

作り方

1. 水菜は3cm長さに切る。

2. スープジャーに **1** を入れ、沸騰した湯をラインまで入れる。ふたをしめて1分ほどおき、湯を切る。

3. **A**を加え、沸騰した湯をラインまで入れる。きっちりとふたをしめ、ゆっくりと左右にふり、食べごろまでおいておく。

材料　水菜…30g
　　　　A[とろろ昆布…5g　昆布茶…小さじ1／3
　　　　　しょうゆ…小さじ2／3]

Soup 🔥Hot 🍋Sour ✱Spicy　　　　　　　　　　　**Energy : 31kcal**

パンランチにおすすめ！ おいしい最強コンビ
コーンとエリンギの
ペッパースープ

こしょうの量はお好みで。コーンをちくわ1／3本（輪切り）に代えると、同じ味付けでほんのり和風味に

Time
1時間

作り方

1　エリンギは短冊切りにする。

2　スープジャーに**1**とコーンを入れ、沸騰した湯をラインまで入れる。ふたをしめて2分ほどおき、湯を切る。

3　**A**を加え、沸騰した湯をラインまで入れる。きっちりとふたをしめ、ゆっくりと左右にふり、食べごろまでおいておく。

材料　エリンギ…30g　ホールコーン…大さじ2
　　　　A[コンソメスープの素（顆粒）…大さじ1／2
　　　　　粗挽きこしょう…少々]

Soup Hot Sour Spicy

Energy : 34kcal

シャキシャキとしたセロリの食感が楽しい
セロリとブロッコリーのトマトスープ

> ブロッコリーを薄めに切るのがポイント。セロリ&アスパラ（1本を斜め薄切りに）の組み合わせも◎

Time 1時間

作り方

1. セロリは斜め薄切りにする。ブロッコリーは5mm幅に薄切りにする。

2. スープジャーに **1** を入れ、沸騰した湯をラインまで入れる。ふたをしめて2分ほどおき、湯を切る。

3. **A** を加え、沸騰した湯をラインまで入れる。きっちりとふたをしめ、ゆっくりと左右にふり、食べごろまでおいておく。

材料 セロリ…1／5本　ブロッコリー…3房
　　　A[コンソメスープの素（顆粒）…小さじ2／3
　　　　トマトケチャップ…大さじ1]

Soup 🔥Hot 💧Sour ✱Spicy　　　　　　　　　　**Energy : 27kcal**

和・洋・中…どんな料理とも相性抜群!
ごま風味の わかめスープ

わかめは生より乾燥タイプがおすすめ。万能ねぎ→セロリ1／4本（斜め薄切り）へのアレンジもOK

Time 0.5時間

作り方

1　万能ねぎは小口切りにする。

2　スープジャーに**1**を入れ、沸騰した湯をラインまで入れる。ふたをしめて1分ほどおき、湯を切る。

3　**A**を加え、沸騰した湯をラインまで入れる。きっちりとふたをしめ、ゆっくりと左右にふり、食べごろまでおいておく。

材料　万能ねぎ…1本
　　　　A［乾燥わかめ…小さじ2
　　　　　鶏がらスープの素（顆粒）…大さじ1／2
　　　　　しょうゆ…小さじ1／2　白いりごま…小さじ1／4
　　　　　ごま油…小さじ1／4］

Soup Hot Sour Spicy   Energy : 19kcal

ナンプラーを加えるだけで、いつものメニューもタイ風に

もやしとまいたけの
エスニックスープ

作り方

1. まいたけは小房に分ける。
2. スープジャーに **1** ともやしを入れ、沸騰した湯をラインまで入れる。ふたをしめて2分ほどおき、湯を切る。
3. **A**を加え、沸騰した湯をラインまで入れる。(お好みで3cm長さに切った香菜を入れて)きっちりとふたをしめ、ゆっくりと左右にふり、食べごろまでおいておく。

材料　まいたけ…20g　もやし…20g
　　　　A[鶏がらスープの素(顆粒)…小さじ1
　　　　　ナンプラー…小さじ1／2]
　　　　香菜(お好みで)…少々

Soup 🔥Hot 💧Sour ✱Spicy　　　　　　　　　　　Energy : 34kcal

切干大根の魅力を再発見！
切干大根といんげんの ピリ辛みそスープ

切干大根はうま味、食感ともに◎。緑豆春雨（ショートタイプ10g）にすると、食べるスープに早変わり！

Time 1時間

作り方

1　いんげんは斜めに薄く切る。

2　スープジャーに **1** を入れ、沸騰した湯をラインまで入れる。ふたをしめて2分ほどおき、湯を切る。

3　**A**を加え、沸騰した湯をラインまで入れる。きっちりとふたをしめ、ゆっくりと左右にふり、食べごろまでおいておく。

材料　さやいんげん…2本
　　　　A[**切干大根**…5g　鶏がらスープの素（顆粒）…小さじ2／3
　　　　みそ…小さじ1／2　コチュジャン…小さじ1／2]

Soup 🔥Hot 💧Sour ✱Spicy　　　　Energy : 19kcal

高野豆腐がうま味をたっぷりふくみます
高野豆腐と野菜の中華スープ

鶏がらスープの素を麺つゆ（3倍希釈タイプを大さじ1）にしても。和風味で楽しめます！

Time 1時間

作り方

1. 白菜は短冊切りにする。にんじんは千切りにする。

2. スープジャーに **1** を入れ、沸騰した湯をラインまで入れる。ふたをしめて2分ほどおき、湯を切る。

3. **A**を加え、沸騰した湯をラインまで入れる。きっちりとふたをしめ、ゆっくりと左右にふり、食べごろまでおいておく。

材料　白菜…1／4枚　にんじん…1cm
　　　A［高野豆腐（細切りタイプ）…1g
　　　　鶏がらスープの素（顆粒）…小さじ1
　　　　しょうゆ…小さじ1／2　こしょう…少々］

Part 2

たんぱく質も入って、食べごたえも十分！

おかず
スープランチ
OKAZU soup lunch

ハム＆ソーセージ、お肉に豆類…たんぱく質が入った
スープは、それだけでちょっとしたごちそう風の
ひと品に！ お弁当男子にもおすすめです。

調理のポイント

生ものは
必ず加熱する
生の肉や魚はそのまま入れ
ないで、レンジ加熱をして
使います。チルド食材はそ
のまま使ってOKです。

1

火が通って
いるかも確認
混ぜて赤い部分がないか、
竹串を使って赤い汁が出な
いか、など内側の加熱具合
を確認します。とくにひき肉
は熱が通りにくいので注意
しましょう。

2

OKAZU Soup

Energy : 24kcal

バター&昆布のコクがあとを引く
石狩鍋風スープ

作り方

1. 白菜は短冊切りにする。
2. スープジャーに **1** を入れ、沸騰した湯をラインまで入れる。ふたをしめて2分ほどおき、湯を切る。
3. **A** を加え、沸騰した湯をラインまで入れる。きっちりとふたをしめ、ゆっくりと左右にふり、食べごろまでおいておく。

材料 白菜…1／4枚
A［鮭フレーク…5g　干し椎茸（スライス）…1g
　昆布茶…小さじ1／4　みそ…小さじ1
　バター…小さじ1／4］

Time
1時間

バターを粉チーズ(小さじ1/2)に代えても。乳製品を少し加えたほうが断然おいしくなる!

OKAZU Soup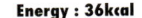

Energy : 36kcal

食べごたえがあるのに低カロリー！
豆腐となめこの和風汁

なめことの相性は絹ごしがベター。豆腐をはんぺん1／4枚（ひと口サイズ）にアレンジしてもOK

Time 1時間

作り方

1 豆腐をさいの目切りにする。

2 スープジャーに **1** となめこを入れ、沸騰した湯をラインまで入れる。ふたをしめて3分ほどおき、湯を切る。

3 **A**を加え、沸騰した湯をラインまで入れる。きっちりとふたをしめ、ゆっくりと左右にふり、食べごろまでおいておく。

材料　絹ごし豆腐…1／6丁　なめこ…20g
　　　　A［だしの素（顆粒）…小さじ2／3　しょうゆ…小さじ1／2］

OKAZU Soup 🔥Hot 💧Sour 🌶Spicy　　　　Energy : 39kcal

おにぎりランチと好相性
けんちん汁

使う野菜の種類を選ばない万能スープ。大根を長いも（2cmを5mm厚さのいちょう切り）にしても◎

Time
2時間

作り方

1. 大根とにんじんは薄いいちょう切りにする。油揚げは短冊切りにする。

2. スープジャーに **1** を入れ、沸騰した湯をラインまで入れる。ふたをしめて2分ほどおき、湯を切る。

3. **A** を加え、沸騰した湯をラインまで入れる。きっちりとふたをしめ、ゆっくりと左右にふり、食べごろまでおいておく。

材料　大根…1cm　にんじん1cm　油揚げ…1／4枚
　　　　A［おろししょうが…小さじ1／8
　　　　　だしの素（顆粒）…小さじ1／2　しょうゆ…小さじ1
　　　　　みりん…小さじ1／4］
　　　　七味唐辛子（お好みで）…少々

OKAZU Soup

Energy : 73kcal

ほんのりとした甘さに食がすすむ

焼き豆腐の甘辛スープ

めんつゆをポン酢（小さじ2）にすると酸味を味わうスープに。その場合、だしの素は小さじ1／4から小さじ2／3に調整を

Time 1時間

作り方

1　焼き豆腐を半分に切る。長ねぎは斜め切りにする。しめじは石突きをとり、小房に分ける。

2　スープジャーに**1**を入れ、沸騰した湯をラインまで入れる。ふたをしめて3分ほどおき、湯を切る。

3　**A**を加え、沸騰した湯をラインまで入れる。きっちりとふたをしめ、ゆっくりと左右にふり、食べごろまでおいておく。

材料

焼き豆腐…1／6丁　長ねぎ…1／8本　しめじ…10g
A［だしの素（顆粒）…小さじ1／4
　めんつゆ（3倍希釈）…小さじ4］
一味唐辛子（お好みで）…少々

OKAZU Soup 🔥Hot 💧Sour ✱Spicy   Energy : 75kcal

パンと好相性の人気スープ
ミネストローネ

カレー粉（小さじ1／4）、粗挽きこしょう（少々）を加えると、スパイシーな大人の味

Time
1時間

作り方

1　ベーコンは短冊切りにする。セロリはみじん切りにする。

2　耐熱皿にトマトの水煮とベーコンを入れ、ラップをかける。電子レンジで40秒ほど加熱する。

3　スープジャーにセロリと大豆を入れ、沸騰した湯をラインまで入れる。ふたをしめて2分ほどおき、湯を切る。

4　**2**とコンソメを加え、沸騰した湯をラインまで入れる。きっちりとふたをしめ、ゆっくりと左右にふり、食べごろまでおいておく。

材料　ベーコン…1／2枚　セロリ…1／6本
　　　　トマトの水煮（カット）…50g　大豆の水煮…20g
　　　　コンソメスープの素（顆粒）…小さじ1

OKAZU Soup　🔥Hot　💧Sour　✱Spicy　　　　　**Energy : 88kcal**

お肉が食べたい日にはコレ！
豚汁

作り方

1. 豚肉は小さく切って耐熱皿に入れ、ラップをかける。電子レンジで30秒ほど加熱し、火を通す。

2. 大根とにんじんは薄いいちょう切りにする。

3. スープジャーに **2** を入れ、沸騰した湯をラインまで入れる。ふたをしめて2分ほどおき、湯を切る。

4. **1** と **A** を加え、沸騰した湯をラインまで入れる。きっちりとふたをしめ、ゆっくりと左右にふり、食べごろまでおいておく。

材料　豚ロース肉（しゃぶしゃぶ用）…20g　大根…1cm
　　　にんじん…1cm
　　　A［干ししいたけ…1g
　　　　おろししょうが…小さじ1／8
　　　　だしの素（顆粒）…小さじ1／2　みそ…小さじ2］

Time
2時間

豚のしゃぶしゃぶ肉は薄いため、レンジで加熱しやすく使い勝手も◎。ボリューム感のわりにヘルシーです

OKAZU Soup

Energy : 87kcal

本格的なおでんもおいておくだけ!

さつまあげと大根の おでん風

> 具を食べた後に塩むすびを入れると雑炊に。スープもあますことなく味わえます

Time 3時間

作り方

1. 大根は5mm厚さの半月切りにする。さつま揚げは半分に切る。

2. 耐熱皿に**1**を入れ、ラップをかける。電子レンジで1分30秒ほど加熱し、火を通す。

3. スープジャーに沸騰した湯をラインまで入れる。ふたをしめて1分ほどおき、湯を切る。

4. **2・A・**おでん用昆布を入れ、沸騰した湯をラインまで入れる。きっちりとふたをしめ、ゆっくりと左右にふり、食べごろまでおいておく。

材料 大根…2cm　さつま揚げ…1枚　おでん用昆布…1本
A[昆布茶…小さじ2／3　薄口しょうゆ…小さじ2／3]

OKAZU Soup　🍲Hot　💧Sour　❋Spicy　　　　　　　**Energy : 141kcal**

あえてじゃがいもを煮くずれさせて味わう!?
ごろごろ野菜のポトフ

> おいておくほどに、じゃがいもにじんわり熱が加わりトロトロに。コンソメをだしの素（小さじ1／2）＋しょうゆ（小さじ1／4）にすると、和風ポトフに早変わり

Time
1時間

作り方

1. じゃがいもは皮をむき、ひと口大に切る。にんじんは乱切り、ウインナーは半分に切る。

2. 耐熱皿にじゃがいもとにんじんを入れ、ラップをかける。電子レンジで2〜3分ほど加熱。

3. スープジャーにウインナーを入れ、沸騰した湯をラインまで入れる。ふたをしめて2分ほどおき、湯を切る。

4. **2**とコンソメを加え、沸騰した湯をラインまで入れる。きっちりとふたをしめ、ゆっくりと左右にふり、食べごろまでおいておく。

材料　じゃがいも…小1個　にんじん…1／6本
　　　　ウインナー…1本　コンソメスープの素（顆粒）…小さじ1

OKAZU Soup　🌶Hot　💧Sour　❄Spicy　　　　　**Energy : 77kcal**

トマトとチーズはうま味食材としても秀逸!

ミニトマトとチーズのスープ

作り方

1. ミニトマトはへたをとる。ハムは1cm四方に切る。チーズは1cm角に切る。

2. スープジャーにミニトマトを入れ、沸騰した湯をラインまで入れる。ふたをしめて3分ほどおき、湯を切る。

3. ハム・チーズ・**A**を加え、沸騰した湯をラインまで入れる。きっちりとふたをしめ、ゆっくりと左右にふり、食べごろまでおいておく。

材料　ミニトマト…5個　ハム…1枚　プロセスチーズ…10g
A[コンソメスープの素(顆粒)…小さじ1
　　粗挽きこしょう…少々]

Time
1時間

しばらくおくことで、チーズがちょうどよいとろけ具合。ハムをホールコーン（大さじ1）に代えても◎

OKAZU Soup　🔥Hot　💧Sour　❋Spicy　　　　Energy : 223kcal

元気が出るスパイシーな香り!
チキンのカレースープ

作り方

1. 鶏もも肉は小さめのひと口サイズに切る。玉ねぎはひと口大に切る。

2. 耐熱皿に **1** を入れ、ラップをかける。電子レンジで2分ほど加熱し、火を通す。

3. スープジャーに沸騰した湯をラインまで入れる。ふたをしめて1分ほどおき、湯を切る。

4. **2** と **A** を入れ、沸騰した湯をラインまで入れる。きっちりとふたをしめ、ゆっくりと左右にふり、食べごろまでおいておく。

材料　鶏もも肉…50g　玉ねぎ…1／4個
A［コンソメスープの素（顆粒）…小さじ1／2
　カレールウ…20g］

☑ **Point**
鶏肉は中までしっかり火を通すこと

耐熱皿に食材を平らに並べてレンジ加熱すると、加熱ムラができにくくなります。鶏肉は竹串などをさし、透明な汁が出てきたらOK。赤い汁が出てきたら、再度レンジで加熱しましょう。

Time
2時間

ごはんにもパンにもあう、ランチの強い味方。ルウはお好みの種類や辛さで選んでOK。固形のまま入れておけばスープジャーの中でじっくり溶けて、食べるころにはちょうどよくなります

OKAZU Soup Hot Sour Spicy

Energy : 139kcal

豆たっぷりのヘルシーメニュー

チリコンカン風スープ

作り方

1. 玉ねぎはみじん切りにする。
2. 耐熱ボウルに挽き肉と**1**を入れ、塩をふって混ぜる。ラップをかけ、電子レンジで1分30秒〜2分ほど加熱(挽き肉に中まで火が通ったかを確認する)。全体を細かくくずす。
3. スープジャーにミックス豆を入れ、沸騰した湯をラインまで入れる。ふたをしめて2分ほどおき、湯を切る。
4. **2**と**A**を加え、沸騰した湯をラインまで入れる。きっちりとふたをしめ、ゆっくりと左右にふり、食べごろまでおいておく。

材料 豚挽き肉…30g　玉ねぎ…1／10個
塩…少々　ミックス豆の水煮…30g
A［コンソメスープの素(顆粒)…小さじ1／2
　トマトケチャップ…大さじ1　一味唐辛子…少々］
ドライパセリ(お好みで)…少々

☑ **Point**
レンジ加熱でやわらかく

ひき肉をみじん切りにした玉ねぎと混ぜ合わせてレンジ加熱すると、パサつきません。

Time
1時間

豆類を手軽に摂るならスープがいちばん！ 辛党は一味唐辛子をたっぷりふって、ピリ辛に仕上げて

OKAZU Soup

Energy : 89kcal

口当たりとろとろの皮がたまらない
ワンタンスープ

作り方

1. 万能ねぎは小口切りにする。
2. スープジャーに **1**・もやし・ワンタンを入れ、沸騰した湯をラインまで入れる。ふたをしめて3分ほどおき、湯を切る。
3. **A**を加え、沸騰した湯をラインまで入れる。きっちりとふたをしめ、ゆっくりと左右にふり、食べごろまでおいておく。

材料 万能ねぎ…1／2本　もやし…20g
チルドワンタン(生でないもの)…4個
A[鶏がらスープの素(顆粒)…小さじ1
　しょうゆ…小さじ1／4　こしょう…少々]

Time
1時間

チルドのワンタンをぎょうざやしゅうまいに代えてもOK。中身が生でないものを選び、必要ならレンジ加熱してから入れましょう

49

OKAZU Soup 🔥Hot

Energy : 56kcal

人気のチゲをスープジャーで味わう
豆腐とキムチの
チゲスープ

作り方

1. 豆腐を半分に切る。
2. 耐熱皿にキムチを入れ、ラップをかける。電子レンジで20秒ほど加熱する。
3. スープジャーに **1** を入れ、沸騰した湯をラインまで入れる。ふたをしめて3分ほどおき、湯を切る。
4. **2** と **A** を加え、沸騰した湯をラインまで入れる。きっちりとふたをしめ、ゆっくりと左右にふり、食べごろまでおいておく。

材料　木綿豆腐…1／6丁　キムチ…30g
　　　A［干し椎茸（スライス）…1g
　　　　鶏がらスープの素（顆粒）…小さじ1］

Time
1時間

キムチは加熱してから入れます。ちぎった焼のりや韓国のりなど、のりの風味をプラスすると美味!

51

Column

スープジャーレシピのお役立ち食材 1
うま味の素になる乾物は ミニサイズも充実

干ししいたけ(スライス)

きざみ麩

高野豆腐(細切りタイプ)

乾物が体にいい食材だとわかっているけれど、水で戻したりするのが手間で、なかなか使いこなせなかった人も多いのではないでしょうか。朝入れて、持ち運ぶ間に保温調理を行う「スープジャーレシピ」なら、持ち運ぶ時間＝戻し時間です。特別な調理をしていないのに、スープジャーの中で濃縮されたうま味がグングン引き出されているのだから、これほどラクな調理法はありません。

栄養価を蓄えた乾物は、食生活の偏った現代人にこそ必要。最近はミニサイズも充実し、扱いやすくなっているので、スープジャーレシピに積極的に取り入れてみてください。

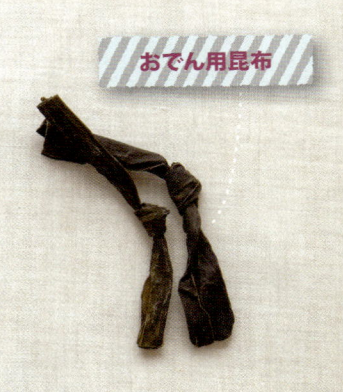

おでん用昆布

干し芽ひじき

干し桜えび

春雨（ショートタイプ）

Part 3

生米から作ったおかゆのおいしさは格別！

ホカホカ ごはんランチ
Gohan lunch

とろっとろの口どけは、生米から作るからこそ。発芽玄米のおかゆや、温かいごはんをそのまま使ったレシピもあります。食べる時は全体を大きくまぜましょう！

> これでお米大さじ2杯分！ 満足感があるので、ダイエット中にも◎。食べる直前にスプーンなどで全体をしっかりまぜるとおいしい！

基本の作り方

お米を入れる
1

300mlのスープジャーに対し、大さじ2杯の生米が適量です(お手持ちのサイズによっては、量を調整してください)。

水を注ぐ
2

この水はお米をとぐためのもの。お米が少量なので、スープジャーの中でとぐ方がじつは簡単です。

容器をふって米をとぐ
3

ふたをしめて(中ふたがある場合は、中ふただけでOK)、よくふります。無洗米を使う場合はとぐ必要はありません。

とぎ汁を捨てる
4

中ふたをずらし、米を流さないようにしながら水を切ります。2〜3回くりかえします。

熱湯を注ぎ、温める
5

しっかりふたを閉め、スープジャーと米を温めます。これによりスープジャーは予熱状態、米は軽く下ゆで状態に。軽くふり、米が固まらないようにしましょう。

湯切りをする
6

しっかりお湯を切ったら、調味料や他の食材を加え、内側のラインまで熱湯を注ぎます。後は食べごろまでおいておくだけ。

Gohan　Hot　Sour　Spicy　　　　　　　　　　　Energy : 92kcal

生米から作ったおかゆならではの、とろっとろ食感
梅おかかがゆ

作り方

1. スープジャーに米を入れ、55ページの基本の作り方の要領で米をとぐ。

2. 沸騰した湯をラインまで加える。ふたをしめ、ゆっくりと左右にふる。1分ほどおき、湯を切る。

3. Aを加え、沸騰した湯をラインまで入れる。きっちりとふたをしめ、ゆっくりと左右にふり、食べごろまでおいておく。

材料　白米…大さじ2
A[梅干し…中1個　かつお節…少々]

Time
3時間

トッピングには梅やかつお節だけでなく、昆布やのりの佃煮、鮭フレーク、ザーサイ、なめたけ、ゆかりなどもおすすめ！

57

Gohan　🔥Hot　💧Sour　❄Spicy　　　　　　　　　　**Energy : 97kcal**

やさしい甘みの中に、ピリリとした刺激
根菜のしょうががゆ

作り方

1. スープジャーに米を入れ、55ページの基本の作り方の要領で米をとぐ。
2. 大根とにんじんは5mm角に切る。
3. **1**のスープジャーに**2**を加え、沸騰した湯をラインまで加える。ふたをしめ、ゆっくりと左右にふる。2分ほどおき、湯を切る。
4. **A**を加え、沸騰した湯をラインまで入れる。きっちりとふたをしめ、ゆっくりと左右にふり、食べごろまでおいておく。

材料　白米…大さじ2　大根…1cm　にんじん…1cm
　　　　A［おろししょうが…小さじ1／4
　　　　　鶏がらスープの素（顆粒）…小さじ1／2］

Time
3時間

にんじんをみつば3本（3cm長さ）に代えて、さっぱり味でも楽しめます

Gohan　🔥Hot　💧Sour　❋Spicy　　　　　　　　　　**Energy : 125kcal**

甘辛ミックスな味わいが飽きないおいしさ！
かぼちゃの昆布茶がゆ

> 塩昆布をピザ用チーズ（5g）に、昆布茶をコンソメスープの素（顆粒）に。洋風アレンジも簡単！

Time　3時間

作り方

1. スープジャーに米を入れ、55ページの基本の作り方の要領で米をとぐ。
2. かぼちゃは5mm厚さのいちょう切りにする。
3. **1**のスープジャーに**2**を加え、沸騰した湯をラインまで加える。ふたをしめ、ゆっくりと左右にふる。2分ほどおき、湯を切る。
4. **A**を加え、沸騰した湯をラインまで入れる。きっちりとふたをしめ、ゆっくりと左右にふり、食べごろまでおいておく。

材料　白米…大さじ2　かぼちゃ…40g
　　　　A[塩昆布…2g　昆布茶…小さじ1／3]

Gohan　Hot　Sour　Spicy　　　　　　　　　Energy : 101kcal

発芽玄米を使えば、手軽に作れる!
ひじきとしめじの玄米がゆ

玄米だと芯が残る可能性があるので、発芽玄米を使うこと。水で洗うだけだから、手間もかかりません

Time
3時間

作り方

1. 発芽玄米は水でさっと洗い、しっかりと水気を切る。しめじは石突きをとり、小房に分ける。

2. スープジャーに**1**を入れ、沸騰した湯をラインまで加える。ふたをしめ、ゆっくりと左右にふる。2分ほどおき、湯を切る。

3. Aを加え、沸騰した湯をラインまで入れる。きっちりとふたをしめ、ゆっくりと左右にふり、食べごろまでおいておく。

材料　発芽玄米…大さじ2　　しめじ…20g
　　　　A[干し芽ひじき…小さじ1／2
　　　　　麺つゆ(3倍希釈)…小さじ2]

Gohan　Hot　Sour　✱ Spicy　　　　　　　　　　**Energy : 138kcal**

ついつい食べたくなる魅惑のカレー味
じゃがいもと 玄米のカレーがゆ

作り方

1. 発芽玄米は水でさっと洗い、しっかりと水気を切る。じゃがいもは皮をむき、ひと口大に切る。玉ねぎはひと口大に切る。

2. 耐熱皿にじゃがいもと玉ねぎを入れ、ラップをかける。電子レンジで1分～1分30秒ほど加熱し、火を通す。

3. スープジャーに発芽玄米を入れ、沸騰した湯をラインまで加える。ふたをしめ、ゆっくりと左右にふる。1分ほどおき、湯を切る。

4. **2**と**A**を加え、沸騰した湯をラインまで入れる。きっちりとふたをしめ、ゆっくりと左右にふり、食べごろまでおいておく。

材料　発芽玄米…大さじ2　じゃがいも…小1／2個
　　　　玉ねぎ…1／10個
　　　　A［コンソメスープの素（顆粒）…小さじ1
　　　　　　カレー粉…小さじ1／2］

Time
3時間

コンソメの代わりに、だしの素（小さじ1/2）＋しょうゆ（小さじ1/2）を。どこか懐かしい和風カレー味に大変身

Gohan　Hot　Sour　Spicy　　　　　　　　　　　　　**Energy : 97kcal**

話題の健康食材、押し麦がたっぷり!
枝豆の押し麦がゆ

作り方

1. 枝豆は耐熱皿に入れ、ラップをかける。電子レンジで1分ほど加熱し、さやから実を取りだす。

2. ちくわは輪切りにする。押し麦は水でさっと洗い、しっかりと水気を切る。

3. スープジャーに **1** と **2** を入れ、沸騰した湯をラインまで加える。ふたをしめ、ゆっくりと左右にふる。2分ほどおき、湯を切る。

4. **A**を加え、沸騰した湯をラインまで入れる。きっちりとふたをしめ、ゆっくりと左右にふり、食べごろまでおいておく。

材料　冷凍枝豆…7さや　ちくわ…1／2本　押し麦…大さじ2
　　　　A[だしの素(顆粒)…小さじ1／2
　　　　　薄口しょうゆ…小さじ1／2]

☑ **Point**
押し麦はとがずに使える!

大麦を蒸気で加熱し、平たくしたのが押し麦。加工段階でぬかが取り除かれているので、とぐ必要もなし。スープジャーに入れ、水でさっと洗うだけでOKです。

Time
2時間

押し麦はさっと洗うだけで、取り扱いも簡単！　ミックスされた雑穀やもち麦・もちきびなど、他の雑穀でもためしてみて

Gohan 🔥Hot 💧Sour 🌶Spicy　　　　　　　　　　　**Energy : 123kcal**

ベーコンの風味がごはんの甘みを引き立てる
ベーコンとセロリの洋風がゆ

> セロリのシャキシャキ感がアクセント。ベーコンの代わりに、あさりの水煮（10g）を使った海鮮風アレンジも

Time 3時間

作り方

1. スープジャーに米を入れ、55ページの基本の作り方の要領で米をとぐ。

2. ベーコンは1cm幅に、セロリは薄切りにする。

3. **1**のスープジャーにセロリを加え、沸騰した湯をラインまで加える。ふたをしめ、ゆっくりと左右にふる。2分ほどおき、湯を切る。

4. ベーコンとAを加え、沸騰した湯をラインまで入れる。きっちりとふたをしめ、ゆっくりと左右にふり、食べごろまでおいておく。

材料　白米…大さじ2　ベーコン…1／2枚　セロリ…1／4本
A［コンソメスープの素（顆粒）…小さじ1
粗挽きこしょう…少々］

Gohan 🔥Hot 💧Sour 🌶Spicy　　　　　　　　　　**Energy : 94kcal**

さわやかなトマトの酸味でさっぱりと
ミニトマトと押し麦のトマトがゆ

> ミニトマトをブロッコリー2房（5mm幅の薄切り）に代えると、食物繊維増強アレンジになります

Time
2時間

作り方

1. 押し麦は水でさっと洗い、しっかりと水気を切る。ミニトマトはへたをとる。

2. スープジャーに **1** を入れ、沸騰した湯をラインまで加える。ふたをしめ、ゆっくりと左右にふる。3分ほどおき、湯を切る。

3. **A** を加え、沸騰した湯をラインまで入れる。きっちりとふたをしめ、ゆっくりと左右にふり、食べごろまでおいておく。

材料　押し麦…大さじ2　ミニトマト…4個
　　　　A[コンソメスープの素（顆粒）…小さじ1
　　　　　トマトケチャップ…小さじ1
　　　　　オリーブ油…小さじ1／4]

Gohan　🔥Hot　💧Sour　✹Spicy　　　　　Energy : 158kcal

ガッツリ食べたい、そんな日に
豚しゃぶのクッパ風

作り方

1. スープジャーに米を入れ、55ページの基本の作り方の要領で米をとぐ。

2. 豚肉は小さく切る。豚肉とキムチは耐熱皿に入れ、ラップをかける。電子レンジで50秒ほど加熱し、火を通す。

3. **1**のスープジャーに沸騰した湯をラインまで加える。ふたをしめ、ゆっくりと左右にふる。1分ほどおき、湯を切る。

4. **2**と**A**を加え、沸騰した湯をラインまで入れる。(お好みで小口切りにした万能ねぎを入れて)きっちりとふたをしめ、ゆっくりと左右にふり、食べごろまでおいておく。

材料　白米…大さじ2　豚ロース肉(しゃぶしゃぶ用)…20g
キムチ…20g
A[おろししょうが…小さじ1/8
　鶏がらスープの素(顆粒)…小さじ2/3
　コチュジャン…小さじ1/2]
万能ねぎ(お好みで)…少々

Time
3時間

豚＆キムチが間違いないおいしさ！ よりヘルシーに仕上げるなら、豚肉をはんぺん（1/4枚を小さく切り、作り方3のタイミングでスープジャーに入れる）にアレンジして

Gohan　Hot　Sour　Spicy　　　　　　　　　Energy : 185kcal

とろけたチーズのコクでリゾット風に
ウインナーと
コーンのチーズがゆ

> しっかり味で食べたいときは、ケチャップ（小さじ1）のちょい足しを。トマト味のチーズがゆに早変わり

Time
3時間

作り方

1　スープジャーに米を入れ、55ページの基本の作り方の要領で米をとぐ。

2　ウインナーは輪切りにする。

3　**1**のスープジャーに**2**とコーンを加え、沸騰した湯をラインまで加える。ふたをしめ、ゆっくりと左右にふる。3分ほどおき、湯を切る。

4　Aを加え、沸騰した湯をラインまで入れる。きっちりとふたをしめ、ゆっくりと左右にふり、食べごろまでおいておく。

材料　白米…大さじ2　ウインナー…1本
　　　　ホールコーン…大さじ1
　　　　A[コンソメスープの素（顆粒）…小さじ1
　　　　　ピザ用チーズ…10g]

Gohan 🔥Hot 💧Sour ✹Spicy　　　　　　　　　　　Energy : 79kcal

プチプチした食感にはまる
アスパラとツナの押し麦ペッパーがゆ

ツナのだし効果に注目！　アスパラをえのき茸20g（3cm長さ）にアレンジしてもOK

Time
2時間

作り方

1. 押し麦は水でさっと洗い、しっかりと水気を切る。アスパラガスは根元を切り落とし、1cm幅に切る。

2. スープジャーに**1**を入れ、沸騰した湯をラインまで加える。ふたをしめ、ゆっくりと左右にふる。2分ほどおき、湯を切る。

3. ツナと**A**を加え、沸騰した湯をラインまで入れる。きっちりとふたをしめ、ゆっくりと左右にふり、食べごろまでおいておく。

材料　押し麦…大さじ2　アスパラガス…1本
　　　　ツナ（水煮）…20g
　　　　A[コンソメスープの素（顆粒）…小さじ1
　　　　　しょうゆ…小さじ1／4　粗挽きこしょう…少々]

Gohan Hot Sour Spicy   Energy : 101kcal

ザーサイの塩気でさっぱりと
ザーサイとわかめの中華玄米がゆ

ザーサイを入れるだけでグッと中華風に。ボリュームがほしいときは、わかめを高野豆腐（細切りタイプ1g）に代えても

Time 3時間

作り方

1. 発芽玄米は水でさっと洗い、しっかりと水気を切る。ザーサイは千切りにする。

2. スープジャーに発芽玄米を入れ、沸騰した湯をラインまで加える。ふたをしめ、ゆっくりと左右にふる。1分ほどおき、湯を切る。

3. ザーサイと**A**を加え、沸騰した湯をラインまで入れる。きっちりとふたをしめ、ゆっくりと左右にふり、食べごろまでおいておく。

材料　発芽玄米…大さじ2　ザーサイ…10g
　　　A［乾燥わかめ…小さじ1
　　　　鶏がらスープの素（顆粒）…小さじ2／3
　　　　ごま油…小さじ1／4］

Gohan　Hot　Sour　Spicy　　　　　　　　　　　　　　**Energy : 134kcal**

ちょっとずつ違う豆の個性が楽しめる
いろいろ豆の玄米がゆ

> あっさり味に仕上げた豆のおかゆ。濃い味で食べたいときは、豆と相性がいい海苔の佃煮やなめたけを加えて

Time
3時間

作り方

1. 枝豆は耐熱皿に入れ、ラップをかける。電子レンジで50秒ほど加熱し、さやから実を取りだす。

2. 発芽玄米は水でさっと洗い、しっかりと水気を切る。

3. スープジャーに **1**・**2**・ミックス豆を入れ、沸騰した湯をラインまで加える。ふたをしめ、ゆっくりと左右にふる。2分ほどおき、湯を切る。

4. 鶏がらスープの素を加え、沸騰した湯をラインまで入れる。きっちりとふたをしめ、ゆっくりと左右にふり、食べごろまでおいておく。

材料　冷凍枝豆…5さや　発芽玄米…大さじ2
　　　　ミックス豆の水煮…20g
　　　　鶏がらスープの素（顆粒）…小さじ1

Gohan 🔥Hot 💧Sour ✱Spicy　　　　　　　　　　Energy : 101kcal

うま味をたっぷりすったきくらげがおいしい！
きくらげとかにかまの中華がゆ

作り方

1. スープジャーに米を入れ、55ページの基本の作り方の要領で米をとぐ。

2. かにかまは半分に切り、ほぐす。

3. **1**のスープジャーに**2**を加え、沸騰した湯をラインまで加える。ふたをしめ、ゆっくりと左右にふる。2分ほどおき、湯を切る。

4. **A**を加え、沸騰した湯をラインまで入れる。きっちりとふたをしめ、ゆっくりと左右にふり、食べごろまでおいておく。

材料　白米…大さじ2　かにかま…1本
　　　　A[乾燥きくらげ…1g
　　　　　鶏がらスープの素（顆粒）…小さじ2／3
　　　　　薄口しょうゆ…小さじ1／2]

Time
3時間

きくらげを海藻ミックス（2g）でアレンジしてもOK。どちらも海のものだから相性バッチリ！

Gohan　Hot　Sour　Spicy　　　　　　　　Energy : 270kcal

温かいごはんにお湯を注いで、アツアツをいただく

たっぷりみつばと 梅じゃこのだし漬け

作り方

1. みつばは3cm長さに切る。
2. スープジャーに **1** を入れ、沸騰した湯をラインまで加える。ふたをしめて1分ほどおき、湯を切り、みつばを取りだす。
3. ごはん・昆布茶・梅干し・じゃこ・みつばを入れる。
4. 食べる直前に沸騰した湯をラインまで入れる。

材料　みつば…4本　温かいごはん…150g
　　　　昆布茶…小さじ1／2　梅干し…1個　じゃこ…5g

Time
0時間

炊いたごはんを温かいまま持ち運べるのもスープジャーだからこそ。梅干しのほかにも、高菜（10g）やザーサイ（10g）もおすすめ。味のバリエーションは自由自在！

Gohan　Hot　Sour　Spicy　　　　　　　Energy : 274kcal

究極の朝入れるだけメニュー

鮭と絹さやの そぼろごはん

作り方

1　絹さやはすじをとり、千切りにする。

2　スープジャーに **1** を入れ、沸騰した湯をラインまで加える。ふたをしめて3分ほどおき、湯を切り、絹さやを取りだす。

3　ごはん・鮭フレーク・絹さや・昆布の佃煮を入れる。きっちりとふたをしめる。

材料　絹さや…2枚　温かいごはん…150g
　　　　鮭フレーク…10g　昆布の佃煮…5g

Time
0時間

ごはんは温かいごはん、できれば炊き立てがベスト。冷ごはんしかない場合は、レンジで加熱してから入れましょう

Gohan　Hot　Sour　Spicy　　　　　　　　　Energy : 394kcal

チルド食品を使えばカンタン！

しゅうまいと
ゆで野菜の丼

作り方

1. キャベツと白菜は短冊切りにする。

2. スープジャーに **1** を入れ、沸騰した湯をラインまで加える。ふたをしめて3分ほどおき、湯を切り、野菜を取りだす。

3. 耐熱皿にしゅうまいを並べ、水（小さじ1）をふりかける。電子レンジで50秒ほど加熱し、火を通す。

4. スープジャーにごはん・**2**・**3** をのせる。きっちりとふたをしめ、しょうゆは別の容器に入れる。

5. 食べる直前にしょうゆをかける。

材料　キャベツ…1／4枚　白菜…1／8枚
チルドしゅうまい（生でないもの）…5個
温かいごはん…150g
（別添）しょうゆ…少々

Time
0時間

冷凍しゅうまいでもOK。レンジ加熱時間はあくまでも目安です。パッケージを確認して調整を

81

市販品をダブル使いして、味に深み
たっぷりねぎと海苔のお茶漬け

作り方

1. 万能ねぎは小口切りにする。
2. スープジャーに **1** を入れ、沸騰した湯をラインまで加える。ふたをしめて1分ほどおき、湯を切って万能ねぎを取りだす。
3. ごはん・海苔の佃煮・万能ねぎを入れ、きっちりとふたをしめる。
4. 食べる直前にお茶漬けの素をふり入れ、沸騰した湯をラインまで入れる。

材料 万能ねぎ…1／2本　温かいごはん…150g
海苔の佃煮…小さじ2
（別添）お茶漬けの素…1袋

Time
0時間

ねぎをちょっと加熱しておくことで、甘みがアップ。お茶漬けの素をスープの素などに代えると、適宜簡単にスープごはんに。味によって佃煮は抜いてもOK

Part 4

ゆでたてのおいしさを、いつでも、どこでも！

パスタ・麺ランチ
Pasta & Noodles lunch

パスタにうどん、蒸しそばに春雨ヌードル…
スープジャーがあれば、ランチタイムに
ゆでたてのおいしさが楽しめます！

> 一緒にバゲットやサラダを合わせれば、おしゃれなパスタランチの完成！

基本の作り方

パスタの場合

パスタを入れる
300mlのスープジャーに対し、約30gが適量。スパゲティーはくっつきやすいので、ショートパスタがおすすめ。

1

熱湯を注ぎ、1分間おく
湯量は内側のラインまで。くっつくのではしなどでかきまぜてから、フタをして1分おき、パスタを"下ゆで"する。

2

湯切りする
中ふたでパスタが流れ出ないよう注意しながら湯切り。この"下ゆで"をすることで、パスタに芯が残らなくなる。

3

再度お湯を入れ、塩を入れる
鍋でパスタをゆでる時のように、少し塩を加えたほうがおいしい。後で味つけもするので、塩はひとつまみ程度で十分。

4

かきまぜる
はしなどで軽くまぜる。この時、写真でも2の時よりパスタが水分を含んでいるのがわかるはず。

5

つぎのページへ

6 パスタをゆでる

ふたをして、パッケージに書かれたゆで時間おいておく。途中、何度かボトルごと左右にふるとゆでムラがなくなる。

7 湯切りする

3の要領で、中ふたを抑えながら湯を切る。これでパスタはゆであがった状態。調味料などを加え、味を調えればすぐに食べてもＯＫ。6時間以内ならおいしくいただけます。

春雨の場合

春雨を入れる

お湯で戻さず、そのまま入れる。緑豆はるさめを使うと、でんぷん春雨のように水分を吸って麺が伸びません。写真は便利なショートタイプの春雨を使用。

1

お湯を注ぐ

春雨全体にお湯をかけるようにしながら、内側のラインまで熱湯を注ぐ。

2

かきまぜる

お湯につかっていない部分を押し込むように。くっつかないようにはしでほぐしながらかきまぜる。

3

湯切りする

中ふたで春雨を押さえながら、お湯を切る。春雨はツルッとしていてすべりやすいので、流れ出ないように注意。

4

Pasta & Noodle　🍲Hot　💧Sour　✳Spicy　　　　　　**Energy : 163kcal**

缶詰食材を使いこなした本格派
トマトとツナのペンネ

カットタイプのトマト缶は、スープジャー調理のお役立ち食材。ツナをベーコン1/2枚（短冊切り）にしても◎

Time
0時間

作り方

1　スープジャーにペンネを入れ、85ページの基本の作り方の要領でゆでる。オリーブ油を加え、混ぜる。

2　耐熱ボウルに**A**を入れ、混ぜる。ラップをかけ、電子レンジで1分ほど加熱する。

3　**1**のスープジャーに**2**をのせ、きっちりとふたをしめる。

材料　早ゆでペンネ…30g　塩…ひとつまみ
　　　　オリーブ油…小さじ1／2
　　　　A［トマトの水煮（カット）…60g　ツナ（水煮）…20g
　　　　　コンソメスープの素（顆粒）…小さじ1／2］

Pasta & Noodle　🌶 Hot　💧 Sour　❋ Spicy　　　　Energy : 176kcal

"くるくる"模様に味がよくからむ
きのこの和風パスタ

作り方

1. スープジャーにマカロニを入れ、85ページの基本の作り方の要領でゆでる。
2. エリンギは短冊切りにする。えのき茸は3cm長さに切る。
3. 耐熱皿に **2** を入れてラップをかけ、電子レンジで40秒ほど加熱し、火を通す。
4. **1** のスープジャーに **3** と **A** を加え、はしで混ぜる。(お好みできざみのりをのせて)きっちりとふたをしめる。

材料　早ゆでサラダマカロニ…30g　塩…ひとつまみ
　　　　エリンギ…20g　えのき茸…20g
　　　　A[オリーブ油…小さじ1　しょうゆ…小さじ1
　　　　　みりん…小さじ1／2]
　　　　きざみのり(お好みで)…少々

Time
0時間

ねじったような形をしたショートパスタ「フリッジ」を使用。味がよくからみ、作ってすぐから最大6時間後までおいしくいただけます

89

Pasta & Noodle Hot Sour Spicy **Energy : 176kcal**

鮭の塩気が味の決め手
鮭とアスパラのペンネ

作り方

1. スープジャーにペンネを入れ、85ページの基本の作り方の要領でゆでる。
2. アスパラガスは根元を切り落とし、斜め切りにする。
3. 耐熱皿に **2** を入れてラップをかけ、電子レンジで20秒ほど加熱し、火を通す。
4. **1** のスープジャーに **3**・鮭フレーク・**A** を加え、はしで混ぜる。きっちりとふたをしめる。

材料　早ゆでペンネ…30g　塩…ひとつまみ
　　　アスパラガス…1本　鮭フレーク…10g
　　　A［オリーブ油…小さじ1　薄口しょうゆ…小さじ1／2］

Time
0時間

鮭のピンクとアスパラのグリーンが見た目にも華やか。オリーブ油をマヨネーズ（大さじ1）に代えると、サラダ風パスタに早変わり

Pasta & Noodle　🔥Hot　💧Sour　✳Spicy　　　**Energy : 206kcal**

人気の喫茶店メニューをスープジャーでも
ナポリタン風

炒めず仕上げるヘルシータイプ。ウインナーを玉ねぎ1／8個（薄切り）に代えると、野菜たっぷりナポリタンに

Time
0時間

作り方

1　スープジャーにマカロニを入れ、85ページの基本の作り方の要領でゆでる。

2　ウインナーは斜め薄切り、ピーマンは細切りに、しいたけは石突きを取り、薄切りにする。

3　耐熱皿に **2** を入れてラップをかけ、電子レンジで1分ほど加熱し、火を通す。

4　**1** のスープジャーに **3** と **A** を加え、はしで混ぜる。（お好みで粉チーズをふって）きっちりとふたをしめる。

材料　早ゆでマカロニ…30g　塩…ひとつまみ
ウインナー…1本　ピーマン…1／2個　生しいたけ…1／2枚
A［ケチャップ…大さじ1　オリーブ油…小さじ1／2］
粉チーズ（お好みで）…少々

スープジャーレシピのお役立ち食材 2
ショートパスタで
カンタン時短調理

Column

マカロニ

ゆであがり約3分

ゆであがり約3分

サラダマカロニ（フリッジ）

ペンネ

ゆであがり約3分

　これまでご紹介してきたレシピからもわかるように、パスタをスープジャー調理するならショートパスタがおすすめ。なかでもペンネやマカロニのような穴の開いたタイプは保温調理でも芯が残らず、おいしく仕上がります。細長いスパゲティーはくっつきやすく、少し時間がたってから食べるには不向きなのです。

　さらに、時短を狙うなら「早ゆでタイプ」を使いましょう。各社ゆで時間には多少の差がありますが、だいたい2、3分でパスタがゆであがります。

Pasta & Noodle　🔥Hot　💧Sour　🌶Spicy　　　　　Energy : 375kcal

ふたを開けたら、ソースのいい香り!
ソース蒸しそば

作り方

1. 耐熱皿に中華蒸し麺を入れてラップをかけ、電子レンジで1分ほど加熱する。

2. スープジャーに **1** を入れ、沸騰した湯をラインまで加える。麺をほぐすようにはしでかき混ぜ、ふたをしめて1分ほどおき、湯を切る。

3. キャベツは短冊切りにする。豚肉は小さく切り、塩とこしょうをふる。

4. 耐熱皿に **3** ともやしを入れてラップをかけ、電子レンジで1分30秒ほど加熱し、火を通す。

5. **2** のスープジャーに **4** とソースを加え、はしで混ぜる。(お好みで紅しょうがをのせて)きっちりとふたをしめる。

材料　中華蒸し麺(焼きそば用)…1玉(150g)
　　　　キャベツ…1／4枚　豚ロース肉(しゃぶしゃぶ用)…20g
　　　　塩・こしょう…各少々　もやし…20g
　　　　中濃ソース…大さじ1　紅しょうが(お好みで)…少々

材料は380mlタイプ用の分量です。お手持ちの容器に合わせて、量を調整してください(写真は300mlのスープジャーを使用しています)。

> Time
> 0時間

食べるときに一度しっかり混ぜて、ほぐしながら食べるのがコツ。ソースをしょうゆ（小さじ2）に代えると、和風焼きそばに

Pasta & Noodle　Hot　Sour　Spicy　　　　Energy : 318kcal

蒸し麺を使った油いらずの焼きそば風
オイスター蒸しそば

作り方

1　耐熱皿に中華蒸し麺を入れてラップをかけ、電子レンジで1分ほど加熱する。

2　スープジャーに **1** を入れ、沸騰した湯をラインまで加える。麺をほぐすようにはしでかき混ぜ、ふたをしめて1分ほどおき、湯を切る。

3　白菜は短冊切りにする。にんじんは千切りにする。しいたけは石突きを取り、薄切りにする。

4　耐熱皿に **3** を入れてラップをかけ、電子レンジで1分ほど加熱し、火を通す。

5　**2** のスープジャーに **4** と **A** を加え、はしで混ぜる。きっちりとふたをしめる。

材料　中華蒸し麺（焼きそば用）…1玉（150g）　白菜…1／4枚
　　　　にんじん…1cm　生しいたけ…1枚
　　　　A［オイスターソース…大さじ1／2
　　　　　　しょうゆ…小さじ1／2］

材料は380mlタイプ用の分量です。お手持ちの容器に合わせて、量を調整してください（写真は300mlのスープジャーを使用しています）。

Time
0時間

炒める焼きそばと異なり、スープジャー蒸しにしているので、油も使わずヘルシーに仕上がります

Pasta & Noodle Hot Sour Spicy　　　　Energy : 364kcal

2つのシャキシャキ食感がコラボ
ザーサイとエリンギの塩蒸しそば

作り方

1. 耐熱皿に中華蒸し麺を入れてラップをかけ、電子レンジで1分ほど加熱する。
2. スープジャーに **1** を入れ、沸騰した湯をラインまで加える。麺をほぐすようにはしでかき混ぜ、ふたをしめて1分ほどおき、湯を切る。
3. エリンギとかまぼこは短冊切りにする。ザーサイは千切りにする。
4. 耐熱皿に **3** を入れてラップをかけ、電子レンジで40秒ほど加熱し、火を通す。
5. **2** のスープジャーに **4** と **A** を加え、はしで混ぜる。きっちりとふたをしめる。

材料　中華蒸し麺(焼きそば用)…1玉(150g)　エリンギ…20g
かまぼこ…2枚　ザーサイ…20g
A[ごま油…小さじ1　しょうゆ…小さじ1／2
塩…小さじ1／8　粗挽きこしょう…少々]

材料は380mlタイプ用の分量です。お手持ちの容器に合わせて、量を調整してください(写真は300mlのスープジャーを使用しています)。

Time
0時間

ザーサイにうま味があるので、しょうゆと塩だけでしっかりした味に。蒸し麺をゆでうどん（1玉）に代えてもおいしい

Pasta & Noodle　Hot　Sour　Spicy　　　　Energy : 166kcal

桜えびのうま味が味わいを深めます
チャプチェ風

作り方

1. スープジャーに春雨を入れ、沸騰した湯をラインまで入れる(86ページ参照)。ふたをしめて表示の戻し時間おき、湯を切る。

2. にんじんは千切りにする。小松菜は4cm長さに切る。

3. 耐熱皿に **2** ともやしを入れてラップをかけ、電子レンジで1分ほど加熱し、火を通す。

4. **1** のスープジャーに **3** と **A** を加え、はしで混ぜる。きっちりとふたをしめる。

材料　緑豆春雨(ショートタイプ)…30g
　　　　にんじん…1cm　小松菜…20g　もやし…20g
　　　　A[干し桜えび…1g　ごま油…小さじ1
　　　　　しょうゆ…小さじ2　こしょう…少々]
　　　　白いりごま(お好みで)…少々

Time
0時間

でんぷん春雨ではなく、緑豆春雨を使うのがポイント。水分をふくみやすいでんぷん春雨にくらべ、時間がたってもプリプリ食感をキープできます

Pasta & Noodle　Hot　Sour　Spicy　　　　Energy : 218kcal

食べる直前にお湯をかけていただく

油揚げと
とろろ昆布のうどん

作り方

1. 耐熱皿にゆでうどんを入れてラップをかけ、電子レンジで1分ほど加熱する。

2. 水菜は4cm長さに切る。油揚げは短冊切りにする。

3. スープジャーに **1** と **2** を入れ、沸騰した湯をラインまで加える。麺をほぐすようにはしでかき混ぜ、ふたをしめて3分ほどおき、湯を切る。

4. とろろ昆布をのせ、きっちりとふたをしめる。麺つゆは別の容器に入れる。

5. 食べる直前に麺つゆを入れ、沸騰した湯をラインまで加えて混ぜる。

材料　ゆでうどん…1玉(150g)　水菜…10g
　　　　油揚げ…1／4枚　とろろ昆布…1g
　　　　(別添)麺つゆ(3倍希釈)…大さじ2

材料は380mlタイプ用の分量です。また、うどん1玉はメーカーによって異なるので、お手持ちの容器に合わせて、量を調整してください(写真は300mlのスープジャーを使用しています)。

Time
0時間

インスタントのような手軽さで、ヘルシーなアツアツうどんが食べられる。ゆでうどんではなく、冷凍うどんでもOK。その場合は、表示時間のレンジ加熱を

Pasta & Noodle　Hot　Sour　Spicy　　　Energy : 208kcal

煮込まないのに、しっかりみその味
みそ煮込み風うどん

作り方

1. 耐熱皿にゆでうどんを入れてラップをかけ、電子レンジで1分ほど加熱する。

2. まいたけは小房に分ける。みつばは3cm長さに切る。

3. スープジャーに **1・2**・かまぼこを入れ、沸騰した湯をラインまで加える。麺をほぐすようにはしでかき混ぜ、ふたをしめて3分ほどおき、湯を切る。きっちりとふたをしめる。

4. **A**を混ぜ、別の容器に入れる。

5. 食べる直前に **A** を入れ、沸騰した湯をラインまで加えて混ぜる。

材料　ゆでうどん…1玉(150g)　まいたけ…10g
みつば…3本　かまぼこ…2枚
(別添) **A** [麺つゆ(3倍希釈)…大さじ1
みそ…大さじ1／2]

材料は380mlタイプ用の分量です。また、うどん1玉はメーカーによって異なるので、お手持ちの容器に合わせて、量は調整してください(写真は300mlのスープジャーを使用しています)。

Time
0時間

カレー粉（小さじ1/2）を加えると、カレーうどんに早変わり！ 味のバリエーションが欲しいときにどうぞ

105

Pasta & Noodle 🔥Hot 🍋Sour 🌶Spicy　　　　　　**Energy : 60kcal**

しいたけのうま味を引き出し、シンプルなのに深い味
きのこのあっさり春雨スープ

しいたけの代わりに、きくらげを用いても。しめじときくらげ、2つのコリコリ食感が楽しめます

Time 1時間

作り方

1 しめじは石突きをとり、小房に分ける。

2 スープジャーに **1** と春雨を入れ、沸騰した湯をラインまで入れる（86ページ参照）。ふたをしめて2分ほどおき、湯を切る。

3 **A**を加え、沸騰した湯をラインまで入れる。きっちりとふたをしめ、ゆっくりと左右にふり、食べごろまでおいておく。

材料　しめじ…10g　緑豆春雨（ショートタイプ）…15g
　　　　A[干ししいたけ…1g　だしの素（顆粒）…小さじ2／3
　　　　　しょうゆ…小さじ1／2]

Pasta & Noodle 🌶Hot 💧Sour ❀Spicy　　　**Energy : 90kcal**

ポン酢を使ったありそうでなかったおいしさ
大根と油揚げの
ポン酢春雨スープ

> ポン酢の酸味によって、だしの深みがアップ。大根をもやし(20g)に代えてもOK

Time
2時間

作り方

1. 大根は千切りにする。油揚げは短冊切りにする。

2. スープジャーに **1** と春雨を入れ、沸騰した湯をラインまで入れる(86ページ参照)。ふたをしめて2分ほどおき、湯を切る。

3. **A**を加え、沸騰した湯をラインまで入れる。きっちりとふたをしめ、ゆっくりと左右にふり、食べごろまでおいておく。

材料　大根…1cm　油揚げ…1／4枚
　　　　緑豆春雨(ショートタイプ)…15g
　　　　A[だしの素(顆粒)…小さじ2／3　ポン酢しょうゆ…小さじ2]

Pasta & Noodle 　Hot　Sour　Spicy　　　　　**Energy : 61kcal**

梅＆昆布のうま味コンビが大活躍！
梅昆布の春雨スープ

作り方

1. 長ねぎは斜めに薄く切る。
2. スープジャーに1と春雨を入れ、沸騰した湯をラインまで入れる（86ページ参照）。ふたをしめて2分ほどおき、湯を切る。
3. Aを加え、沸騰した湯をラインまで入れる。きっちりとふたをしめ、ゆっくりと左右にふり、食べごろまでおいておく。

材料　長ねぎ…1／6本　緑豆春雨（ショートタイプ）…15g
　　　　A［梅干し…中1個　塩昆布…1g　昆布茶…小さじ1／2］

Point
梅干しは、食べる直前にほぐす

持ち運んでいる間に、梅干しの酸味と昆布のうま味がスープに溶け込み、ふくよかな味わいに。食べる直前に梅干しを細かくほぐしてからいただくと、味のバランスよく食べられます。

Time
1時間

梅干しは、はちみつ漬けなどの甘すぎないものを選ぶとおいしい！

Pasta & Noodle 🌶Hot 💧Sour ❋Spicy　　　　　　　**Energy : 91kcal**

春雨は洋食アレンジにしてもおいしい!
ベーコンとにんじんの洋風春雨

作り方

1. にんじんは千切りにする。ベーコンは1cm幅に切る。

2. スープジャーににんじんと春雨を入れ、沸騰した湯をラインまで入れる(86ページ参照)。ふたをしめて2分ほどおき、湯を切る。

3. ベーコンとAを加え、沸騰した湯をラインまで入れる。きっちりとふたをしめ、ゆっくりと左右にふり、食べごろまでおいておく。

材料　にんじん…1cm　ベーコン…1/2枚
　　　　緑豆春雨(ショートタイプ)…15g
　　　　A[コンソメスープの素(顆粒)…小さじ1
　　　　　薄口しょうゆ…小さじ1/4]
　　　　ドライパセリ(お好みで)…少々

Time
1時間

にんじんはセロリ1／6本（斜め薄切り）に代えてもOK。ベーコン＆セロリの組み合わせで、香りも楽しむ一品に

Pasta & Noodle　Hot　Sour　Spicy　　　　Energy : 89kcal

春雨とイタリア食材の奇跡の出会い!
イタリアン春雨スープ

作り方

1. 玉ねぎは薄切りにする。ハムは千切りにする。

2. 耐熱皿にトマトの水煮を入れ、ラップをかける。電子レンジで20秒ほど加熱する。

3. スープジャーに **1** と春雨を入れ、沸騰した湯をラインまで入れる(86ページ参照)。ふたをしめて2分ほどおき、湯を切る。

4. **2** と **A** を加え、沸騰した湯をラインまで入れる。きっちりとふたをしめ、ゆっくりと左右にふり、食べごろまでおいておく。

材料　玉ねぎ…1／10個　ハム…1枚
　　　　トマトの水煮(カット)…30g
　　　　緑豆春雨(ショートタイプ)…15g
　　　　A[コンソメスープの素(顆粒)…小さじ1
　　　　　粗挽きこしょう…少々]

Time
1時間

春雨とトマトが予想外の好相性！ タバスコをプラスして、ピリ辛にしてもおいしくいただけます

Pasta & Noodle 🍲Hot 💧Sour ✱Spicy   Energy : 74kcal

アジアンな料理もスープジャーで作れる
タイ風春雨

> スープの後をひくおいしさは、ダブルの乾物効果のおかげ。レモン汁をライム汁に代えて、香菜をプラスすると、より本格的なタイの味！

Time 1時間

作り方

1. 絹さやはすじをとる。
2. スープジャーに **1** と春雨を入れ、沸騰した湯をラインまで入れる（86ページ参照）。ふたをしめて2分ほどおき、湯を切る。
3. **A**を加え、沸騰した湯をラインまで入れる。きっちりとふたをしめ、ゆっくりと左右にふり、食べごろまでおいておく。

材料　絹さや…5枚　緑豆春雨（ショートタイプ）…15g
　　　A[干し桜えび…1g　干ししいたけ…1g
　　　　鶏がらスープの素（顆粒）…小さじ1
　　　　ナンプラー…小さじ1／2　レモン汁…小さじ1／4]

Pasta & Noodle　🔥Hot　💧Sour　❋Spicy　　　　**Energy : 75kcal**

酸っぱ辛さと香ばしさがたまらない!
サンラータン

> ラー油の量は好みによって調整を。春雨の代わりに、切干大根(10g)を入れると斬新なおいしさ! 独特の歯ごたえが楽しめます

Time
1時間

作り方

1. ゆでたけのこは千切りにする。

2. スープジャーに **1** と春雨を入れ、沸騰した湯をラインまで入れる(86ページ参照)。ふたをしめて2分ほどおき、湯を切る。

3. **A**を加え、沸騰した湯をラインまで入れる(お好みで小口切りにした万能ねぎをのせて)。きっちりとふたをしめ、ゆっくりと左右にふり、食べごろまでおいておく。

材料　ゆでたけのこ…20g　緑豆春雨(ショートタイプ)…15g
A[鶏がらスープの素(顆粒)…小さじ1
　しょうゆ…小さじ1／2　酢…小さじ1／2
　ラー油…少々]
万能ねぎ(お好みで)…少々

Pasta & Noodle 🔥Hot 💧Sour ✳Spicy **Energy : 94kcal**

あっさりスープでいただくヘルシーヌードル

ハムときくらげの ごま風味の春雨スープ

> 味にパンチを効かせたい時は、すりおろしにんにく（少々）をプラス。ごま＆にんにくの香りに食欲がそそられます

Time 1時間

作り方

1. 絹さやはすじをとり、斜め半分に切る。ハムは千切りにする。

2. スープジャーに **1** と春雨を入れ、沸騰した湯をラインまで入れる（86ページ参照）。ふたをしめて2分ほどおき、湯を切る。

3. **A**を加え、沸騰した湯をラインまで入れる。きっちりとふたをしめ、ゆっくりと左右にふり、食べごろまでおいておく。

材料 絹さや…3枚　ハム…1枚　緑豆春雨（ショートタイプ）…15g
A［乾燥きくらげ…1g　鶏がらスープの素（顆粒）…小さじ1
　しょうゆ…小さじ1／2　ごま油…小さじ1／4］
白いりごま（お好みで）…少々

Pasta & Noodle 🔥Hot 💧Sour ❋Spicy   Energy : 61kcal

これぞ定番！のほっとする味
さっぱり中華春雨スープ

> しょうゆをみそ（小さじ1）に代えて、みそ味アレンジも可能。シンプルな味つけなので、どんな食材を入れてもOKです

Time
1時間

作り方

1. スープジャーにもやしと春雨を入れ、沸騰した湯をラインまで入れる（86ページ参照）。ふたをしめて2分ほどおき、湯を切る。

2. Aを加え、沸騰した湯をラインまで入れる。きっちりとふたをしめ、ゆっくりと左右にふり、食べごろまでおいておく。

材料　もやし…10g　緑豆春雨（ショートタイプ）…15g
A［乾燥わかめ…1g　鶏がらスープの素（顆粒）…小さじ1
　しょうゆ…小さじ1／2　こしょう…少々］
白いりごま（お好みで）…少々

Pasta & Noodle 🔥Hot 💧Sour ✱Spicy　　　　Energy : 129kcal

辛い物が食べた〜い!という時に
担々麺風春雨スープ

作り方

1. 耐熱ボウルに挽き肉を入れ、塩とこしょうをふって混ぜる。ラップをかけ、電子レンジで1分ほど加熱し、火を通す。全体を細かくくずす。

2. 万能ねぎは小口切りにする。

3. スープジャーに **2** と春雨を入れ沸騰した湯をラインまで入れる(86ページ参照)。ふたをしめて2分ほどおき、湯を切る。

4. **1** と **A** を加え、沸騰した湯をラインまで入れる。きっちりとふたをしめ、ゆっくりと左右にふり、食べごろまでおいておく。

材料　豚挽き肉…30g　塩・こしょう…各少々
　　　　万能ねぎ…1／2本　緑豆春雨(ショートタイプ)…15g
　　　　A[鶏がらスープの素(顆粒)…小さじ1
　　　　みそ…小さじ1／2　豆板醤…少々]

Time
1時間

もっと辛くしたい場合は、豆板醤をプラス。さらに市販の練り白ごま（小さじ1/2）を加えると、コクがアップし、より本格的な坦々麺に

119

Pasta & Noodle 　Hot　Sour　Spicy　　　　　Energy : 79kcal

キムチがあれば、特別な味つけも必要なし!
韓国風春雨スープ

作り方

1. たけのこは千切りにする。

2. キムチは耐熱皿に入れ、ラップをかける。電子レンジで20秒ほど加熱する。

3. スープジャーに **1** と春雨を入れ、沸騰した湯をラインまで入れる(86ページ参照)。ふたをしめて2分ほどおき、湯を切る。

4. **2** と **A** を加え、沸騰した湯をラインまで入れる。(お好みできざみのりをのせて)きっちりとふたをしめ、ゆっくりと左右にふり、食べごろまでおいておく。

材料　ゆでたけのこ…20g　キムチ…20g
　　　　緑豆春雨(ショートタイプ)…15g
　　　　A[鶏がらスープの素(顆粒)…小さじ1
　　　　　コチュジャン…小さじ1／2]
　　　　きざみのり(お好みで)…少々

Time
1時間

ピザ用チーズを加えると驚くほどコクがアップ。じつはキムチとチーズは、相性抜群なんです!!

121

Part 5

暑い日には、こんなひえひえのおいしさを！

冷たい麺ランチ
Cold Noodle lunch

温かいものと同じように、冷たいものを冷たいまま持ち運びできるのがスープジャーのすごいところ。夏におすすめ！なとっておきのひんやりレシピを紹介します。

気をつけたいポイント

内側を冷やしておく

食材の前に氷水を入れて、ふたをして1分。このちょっとした冷やすひと手間で、時間がたっても冷たいまま味わうことができます。

つけ汁は別容器で持っていく

冷たい麺のおいしさは、麺が冷えていてこそ。麺はスープジャーに入れ冷たさをキープ。つゆは別添えにして、食べる直前にかけるのがベスト。

外出先に氷があれば、2、3個入れて。麺がキリリとし、つゆのおいしさもアップ！

123

Cold Noodle 🔥 Hot 💧 Sour ❋ Spicy　　　　Energy : 195kcal

野菜がたっぷり摂れる、暑い日にうれしい一品
サラダ和風うどん

作り方

1. 耐熱皿にゆでうどんを入れてラップをかけ、電子レンジで1分ほど加熱する。

2. スープジャーに **1** を入れ、沸騰した湯をラインまで加える。麺をほぐすようにはしでかき混ぜ、ふたをしめて3分ほどおく。ざるにあけ、冷水で冷やす。

3. 氷水をラインまで入れ、ふたをしめて1分ほどおき、氷水を捨てる。

4. レタスはひと口大に手でちぎる。トマトはひと口大に切る。

5. **3** のスープジャーに **2**・**4**・ツナを入れ、きっちりとふたをしめる。**A**を混ぜ、別の容器に入れる。

6. 食べる直前に**A**をかけていただく。

材料　ゆでうどん…1玉（150g）　レタス…1／2枚
　　　　トマト…1／8個　ツナ（水煮）…10g
　　　　（別添）**A**［麺つゆ（3倍希釈）…大さじ1
　　　　　　　　　水…大さじ3　氷…30g（約3個分）］
　　　　白いりごま（お好みで）…少々

材料は380mlタイプ用の分量です。また、うどん1玉はメーカーによって異なるので、お手持ちの容器に合わせて、量を調整してください（写真は300mlのスープジャーを使用しています）。

Time
0時間

別添のつゆは保冷効果のある容器であれば、氷ごと入れて持っていけます。うどんをゆでそば（1玉）に代えて冷やしそばにも

Cold Noodle　Hot　Sour　Spicy　　　　　　Energy : 256kcal

ドレッシングを活用すれば、コクうまだれも簡単に

ごまだれ冷やしうどん

作り方

1. 耐熱皿にゆでうどんを入れてラップをかけ、電子レンジで1分ほど加熱する。
2. スープジャーに **1** とかまぼこを入れ、沸騰した湯をラインまで加える。麺をほぐすようにはしでかき混ぜ、ふたをしめて3分ほどおく。ざるにあけ、冷水で冷やす。
3. 氷水をラインまで入れ、ふたをしめて1分ほどおき、氷水を捨てる。
4. 水菜は3㎝長さに切る。
5. **3** のスープジャーに **2** と **4** を入れ、きっちりとふたをしめる。**A**を混ぜ、別容器に入れる。
6. 食べる直前に**A**をかける。

材料　ゆでうどん…1玉(150g)　かまぼこ…2枚　水菜…10g
(別添)**A**[麺つゆ(3倍希釈)…小さじ2
　　　ごまドレッシング…大さじ1
　　　水…大さじ3　氷…30g(約3個分)]

材料は380mlタイプ用の分量です。また、うどん1玉はメーカーによって異なるので、お手持ちの容器に合わせて、量を調整してください(写真は300mlのスープジャーを使用しています)。

> Time
> 0時間

氷(3個程度)は食べる直前に別添のつゆに入れてもOK。氷が溶けると、ちょうどいい濃さになります

Cold Noodle 🌶Hot 💧Sour 🌶Spicy　　　　　　　　　Energy : 193kcal

まるでデパ地下グルメのようにオシャレ!
ハムとミニトマトの冷製ペンネ

作り方

1　スープジャーにペンネを入れ、85ページの基本の作り方の要領でゆでる。ただし、表示のゆで時間より1分長めにゆで、ざるにあけて冷水で冷やす。

2　氷水をラインまで入れ、ふたをしめて1分ほどおき、氷水を捨てる。

3　ミニトマトはへたをとり、半分に切る。ハムは千切りにする。

4　**2**のスープジャーに**1**・**3**・**A**を加え、はしで混ぜる。きっちりとふたをしめる。

材料　早ゆでペンネ…30g　塩…ひとつまみ
　　　ミニトマト…4個　ハム…1枚
　　　A[オリーブ油…小さじ1　薄口しょうゆ…小さじ1/2
　　　　塩・粗挽きこしょう…各少々]

Time
0時間

冷製パスタは、ゆで時間をいつもより長めにとるのがコツ。冷やしてちょうどの食感に仕上がります。Aをイタリアンドレッシングなどのドレッシングに代えてもOK。和風や青しそなども◎

Cold Noodle　🌶Hot　💧Sour　✻Spicy　　　　Energy : 173kcal

定番にしたいさっぱり味
しらすと水菜の 和風冷製パスタ

作り方

1. スープジャーにマカロニを入れ、85ページの基本の作り方の要領でゆでる。ただし、表示のゆで時間より1分長めにゆで、ざるにあけて冷水で冷やす。

2. 氷水をラインまで入れ、ふたをしめて1分ほどおき、氷水を捨てる。

3. 水菜は3cm長さに切る。

4. **2**のスープジャーに**1**・**3**・しらす・**A**を加え、はしで混ぜる。きっちりとふたをしめる。

材料　早ゆでサラダマカロニ…30g　塩…ひとつまみ
　　　　水菜…10g　しらす…10g
　　　　A[オリーブ油…小さじ1　しょうゆ…小さじ1]

Time
0時間

さっぱり和風味で、食欲がない夏のランチにも。しらすをツナ（水煮20g）に代えてもOK！

こんなときどうすれば？
スープジャー Q & A

Q.1

スープジャーの取り扱いで注意することはありますか？

A 食材によっては、事前に電子レンジ加熱が必要。とはいえ、スープジャーはステンレス製なので、本体を電子レンジにかけることはできません。また、摩擦で塗料がはげる可能性があるため、食器洗浄機の使用も避けてください（洗えるのはフタのみ）。スープジャーを冷蔵庫に入れることはできますが、フタをすると冷えないので注意しましょう。

> 正しく使えばずっと長持ち

Q.2

生もののほかに、そのまま入れてはいけない食材はある？

A 本書では乳製品を使ったレシピをほとんど紹介していません。というのも、メーカーによって多少の違いはありますが、その多くが牛乳や生クリームを使用することをすすめていないためです。
ただし、シチューなどのすでにしっかり熱を通した料理なら入れてもOK。6時間以内に、かつ一度に食べきれば、持ち運びにも問題ありません。

Q.3

味の濃いものを入れたらニオイがとれない…。どうしたらいいの？

A ニオイがつきやすいのは、ゴム製のパッキン部分です。メーカーによって多少異なりますが、パッキンは交換が可能。あまりにニオイが気になるなら、取り換えるのも手。また、年月がたつとパッキンのゴムが低下し、保温・保冷効果も弱まります。1年を目安に、定期的に交換を！

Q.4

2回に分けてお湯を注ぐのが面倒…。一度ですませてはダメ？

A 本書のレシピでは、野菜などの食材を入れてお湯を注ぎ、食材とスープジャーを温める→湯切りする→すべての食材を入れてお湯を注ぐ、というように2回に分けてお湯を加えます。これを1回ですませることは…残念ながらおすすめしません。スープジャー調理は、作っている過程で温度を下げない（冷たい料理なら上げない）ことが重要。一度ですませると、食材やジャー本体を温めるために熱が奪われ、しっかり保温調理ができません。面倒でも2回熱湯を注いで加熱を行いましょう。

いろいろ入れて、自分好みの味を探して！

Q.5

どのレシピも簡単だけどもっとラクする方法はありませんか？

A フリーズドライのスープの素や、市販のパスタソースを使うとラクチンです。スープの素を野菜スープのベースにして、自分で野菜だけプラスしたり、スープの素でおかゆを作ったり…。パスタソースはゆでたパスタにかけるだけ！ どれも味付けの不安もなく、調理時間も短縮できます。

Q.6

夏の暑い日にスープジャーを持ち運ぶのはちょっと心配です

A スープジャーには高い保温・保冷効果がありますが、熱さ寒さが厳しい真夏や真冬ともなると外気の影響を受けがち。せっかくのランチが冷めたり、ぬるくなったりすることも…。衛生面に気を配る意味でも、保温効果のあるランチバッグに入れておくと安心。おいしさもキープできます。

人生を自由自在に活動する

人生の活動源として

いま要求される新しい気運は、最も現実的な生々しい時代に吐息する大衆の活力と活動源である。

文明はすべてを合理化し、自主的精神はますます衰退に瀕し、自由は奪われようとしている今日、プレイブックスに課せられた役割と必要は広く新鮮な願いとなろう。

いわゆる知識人にもとめる書物は数多く窺うまでもない。

本刊行は、在来の観念類型を打破し、謂わば現代生活の機能に即する潤滑油として、逞しい生命を吹込もうとするものである。

われわれの現状は、埃りと騒音に紛れ、雑踏に寄まれ、あくせく追われる仕事に、日々の不安は健全な精神生活を妨げる圧迫感となり、まさに現実はストレス症状を呈している。

プレイブックスは、それらすべてのうっ積を吹きとばし、自由闊達な活動力を培養し、勇気と自信を生みだす最も楽しいシリーズたらんことを、われわれは鋭意貫かんとするものである。

――創始者のことば―― 小澤和一

著者紹介
松尾みゆき〈まつお みゆき〉
料理研究家・管理栄養士。大手食品メーカーでカフェや惣菜店などのメニュー開発に携わった後、2005年に独立。健康と料理をテーマに、食全般のコーディネーターとして活動している。かんたんに作れるのに、栄養のバランスがよく、見た目にもかわいい料理が人気となり、書籍や雑誌、テレビなどを中心に活躍中である。著書に『サラダスムージー』（永岡書店）、『1食500kcal ダイエットごはん ビギナーズ』（新星出版社）などがある。

スープジャーでつくる 100円ランチ

青春新書 PLAY BOOKS

2013年9月10日　第1刷
2013年11月20日　第2刷

著　者	松尾みゆき
発行者	小澤源太郎

責任編集　株式会社 プライム涌光

電話　編集部　03(3203)2850

発行所	東京都新宿区若松町12番1号 〒162-0056	株式会社 青春出版社

電話　営業部　03(3207)1916　　振替番号　00190-7-98602

印刷・大日本印刷　　製本・フォーネット社

ISBN978-4-413-01998-9

©Miyuki Matsuo 2013 Printed in Japan

本書の内容の一部あるいは全部を無断で複写(コピー)することは著作権法上認められている場合を除き、禁じられています。

万一、落丁、乱丁がありました節は、お取りかえします。

青春新書 PLAYBOOKS

人生を自由自在に活動する──プレイブックス

腸は酵素で強くなる！

鶴見隆史

"消化の良いもの"ばかりでは
あなたの腸はダメになる！

P-996

小顔のしくみ

南 雅子

骨格から顔を変える！
12万人を大変身させた
究極のプログラム

P-997

スープジャーでつくる100円ランチ

松尾みゆき

真空断熱フードコンテナー
「スープジャー」を120％
使いこなす方法。ほかほか＆
ひえひえのおいしい70レシピ

P-998

誰でも思いどおりの運命を歩いていける！

越智啓子

あなたの波長と引き合う
素敵な出会い＆出来事が
すぐそこにあります。
"いまのあなた"に必要な新習慣42

P-999

お願い ページわりの関係からここでは一部の既刊本しか掲載してありません。折り込みの出版案内もご参考にご覧ください。